VÉRITÉS UTILES

En Matière d'Impôt,

DE CONVERSION ET D'EMPRUNT

TOULON

IMPRIMERIE TARDY, RUE DE L'ARSENAL, 19

—

1878

VÉRITÉS UTILES

En Matière d'Impôt,

DE CONVERSION ET D'EMPRUNT

VÉRITÉS UTILES

EN MATIÈRE D'IMPOTS, DE CONVERSION

et d'Emprunts.

———

Chaque année la présentation du budget des recettes et des dépenses amène des propositions de tous genres : Remaniement du système financier, demandes d'économies, de dégrèvements, d'indemnités, d'exonérations, d'encouragements, de suppressions d'impôts, etc., etc. Et cependant, ne doit-on pas se préoccuper d'éteindre l'énorme dette que nous a fatalement léguée l'Empire par ses imprudences, ses témérités et ses folies ? — Ne convient-il pas de penser à libérer le Trésor des avances qu'a pu lui faire la Banque de France, grâce à la puissance et à la solidité de son crédit ?

On oublie assurément un peu trop les grands et utiles principes des économistes passés et présents, parmi lesquels on doit compter l'honorable Ministre actuel des finances. Il n'est pas sans intérêt de les rappeler ici :

« Gardez-vous de créer de nouveaux impôts ; car ils ont « pour conséquence inévitable de pousser au renchérissement « de tout. — Mais gardez-vous également de les réduire ou de « les supprimer lorsque, *équitablement établis,* ils sont passés « dans les habitudes et dans les mœurs, et fonctionnent régu- « lièrement ; car réductions ou suppressions ont le plus « souvent pour résultat immédiat de tourner au profit des « intermédiaires au détriment des producteurs, des consom- « mateurs et du Trésor public. »

A lui seul, depuis 1849, l'impôt du *sel* à fourni plusieurs exemples de ces vérités économiques. (Voir un *Post-Scriptum* à la fin).

L'éminent homme d'Etat que nous regrettons et que nous regretterons longtemps encore, dans un de ces discours remarquables qui tenaient les Assemblées délibérantes sous le charme de sa parole, exposait, dans la séance du 26 février 1866, à l'occasion de la discussion de l'adresse, les principes qu'il appelait et que l'on a appelé depuis les *libertés nécessaires*.

Dans son remarquable volume intitulé : *la Propriété*, et dans un langage mis avec intention à la portée de toutes les intelligences, il touchait aux graves questions de la *nécessité* du capital, de la *nécessité* des impôts, etc.

Dans un ordre d'idées évidemment inférieur à celui des principes économiques précités, et peut-être encore insuffisamment appréciés, nous voudrions exposer en matière d'impôts ce que nous appellerons volontiers des *vérités utiles*, nécessaires, et qu'il serait à propos de divulguer, de propager parmi les classes les moins éclairées des populations. — Ce serait assurément un moyen de prémunir, contre les séductions des grands mots et des théories, ceux qui n'étant point familiers avec les questions complexes se laissent facilement entraîner et éblouir par des mirages qui, le plus souvent, se changent en irritantes déceptions.

Nous voulons parler de la *conversion* de la rente, de l'*impôt* sur les *rentiers* de l'Etat, de l'*impôt* sur le *revenu*, etc., etc.

Les propositions sur la conversion de la rente 5 p. 0/0 ont déjà, plus d'une fois, préoccupé et sans doute préoccuperont encore bien des esprits qui semblent n'avoir pas suffisamment creusé les difficultés et les conséquences du problème à résoudre. On a paru maintes fois surpris que cette opération si colossale, — et peu lucrative — si dangereuse pour le crédit d'un gouvernement, ait toujours rencontré des opposants parmi les hommes de finances et les économistes les plus distingués. L'an passé la commission du budget avait cru devoir appeler l'attention sur cette question. — Dans la seconde quinzaine de décembre dernier le *Journal des Débats* parlant des bruits de conversion répandus à la Bourse disait : « Ce sont « de pures manœuvres, et les personnes qui savent quelles « difficultés rencontrerait une conversion ne s'y laissent pas « prendre. Mais le public pourrait s'y tromper si l'on ne dissi- « pait pas ces incertitudes. »

Enfin sous la date du 19 février dernier un journal a dit : « A l'occasion des projets de MM. Léon Say et de Freycinet la « scus-commission des finances a été amenée à s'occuper de « la question de la conversion. Elle a été unanimement d'avis « que la conversion ne devait pas être mêlée aux projets ; et que « la question devait être *réservée* pour le moment où la *situa-* » *tion intérieure* et *extérieure permettra* cette opération. »

On le voit : les incertitudes, les hésitations sont grandes. Les opinions sont divisées sur le fond comme sur la forme. Et, en effet, on ne touche jamais impunément au régime financier d'un Etat ! La Restauration sous Charles X, l'Empire sous Napoléon III, ont, par deux fois, porté la main sur la rente ; ils ont, par deux fois, violé la loi du 30 septembre 1797, qui, *établissant* et *ouvrant* le *grand livre* de la *dette publique* créa le *tiers* CONSOLIDÉ !... — Cela leur a-t-il porté bonheur ?

Qu'on nous permette de le dire : — Au point de vue élevé où nous nous plaçons, une conversion de la rente est une opération qui nous paraît à la fois *inopportune, impopulaire* et *impolitique, anti-financière*, et même nous ajouterons *injuste* et *décevante.*

Inopportune, car pour des opérations aussi colossales, qui jettent l'émoi dans les populations, il faut des jours calmes, paisibles ; il faut, comme le dit la sous-commission des finances, des *situations* tout-à-fait normales à l'*intérieur* et à l'*extérieur.*

Impopulaire et *impolitique*. — Depuis le mémorable emprunt qui étonna l'Europe, emprunt si habilement combiné qui contribua à la gloire du libérateur de notre territoire, tout en appauvrissant de numéraire l'ennemi auquel on payait des milliards ; depuis lors, disons-nous, la rente d'Etat est devenue plus en faveur que jamais dans les classes moyennes et inférieures de la société. La rente s'est démocratisée. C'est là un fait incontestable.

Découragés par les pertes et les déceptions que leur ont fait éprouver les sociétés de crédit, les sociétés industrielles et commerciales, les petits capitalistes, les petits rentiers se sont adonnés aux rentes sur l'Etat et aux emprunts de Paris et de la Seine qu'ils placent sur la même ligne et avec l'espérance des primes. Ce fait est surtout remarquable dans les grandes villes commerciales et maritimes. L'ouvrier, le petit marchand économe et laborieux, le marin marié qui arrive de faire campagne, tous achètent de petits coupons de rente nominatifs, mixtes ou au porteur. Il est facile de s'en convaincre par les registres tenus dans les recettes générales et au Trésor. Et l'on ne saurait se le dissimuler : cette propension à capitaliser, ce désir de posséder un petit coupon de rente sont évidemment des garanties d'ordre et de sécurité, des gages certains de conservation, de paix, de tranquillité. C'est encore là un fait incontestable.

Lorsque quatre mois après la grande opération financière, ruineuse pour les créanciers de l'État, qui ouvrit le grand livre de la dette publique et provoqua la création du *tiers* consolidé, lorsque, disons-nous, le 5 janvier *1798*, le *Directoire* ouvrit par *une loi* un minime emprunt de 60 millions, les prêteurs restèrent sourds à ses offres et à ses demandes. — L'emprunt ne pût réussir à être couvert !...

L'espèce de banqueroute qui en établissant le *tiers consolidé* en rentes sur l'État, remboursa aux créanciers les deux autres tiers en *bons au porteur* qui, dès le lendemain de l'émission perdirent 60 p. o/o produisit un effet immense sur le public. Ce fut une atteinte grave portée au crédit de l'Etat. Il en ressentit les conséquences pendant plus de 20 ans, jusque vers le milieu du règne de Louis XVIII. Jusqu'à cette époque, en effet, et même plus tard, les rentes sur le Trésor furent considérées comme un placement médiocre, offrant peu de garantie.

On n'a point perdu le souvenir de la conversion opérée par M. de Villèle, encore moins celui de l'opération qui sous l'Empire inventa l'*escamotage* de la *soulte*. — A ces deux époques le crédit fut moins ébranlé, il est vrai, qu'en 1798. Mais il faut tenir compte des apparences séduisantes sous lesquelles ces spéculations avaient été présentées et de l'abondance des capitaux. Ce qui n'empêcha pas cependant la rente d'être sensiblement affectée et délaissée.

Qu'adviendra-t-il donc si dans l'espace de 80 ans à peine on vient encore porter atteinte au crédit de l'Etat par une opération dont l'effet sera vivement ressenti par les nombreux petits rentiers.

Les adversaires de la République ne manquent pas de s'écrier et de répéter, comme ils l'ont déjà fait plusieurs fois : « Vous le voyez : Votre République n'agit pas mieux que le *Directoire,* la *Restauration* et le deuxième *Empire !* » — Quel que faible que puisse être l'émotion produite par l'annonce de la conversion, soit par une réduction de 12 à 15 p. 0|0 sur le capital au cours du jour, soit par celle du 10 p. 0|0 sur l'intérêt, le mécontentement (des petits rentiers surtout) rejaillira pendant un certain temps sur les cours et découragera les petits placements : — La conversion sera donc *impopulaire* et *impolitique.* Nous l'avons dit, en troisième lieu, elle sera *anti-financière.* De quoi s'agit-il, en effet. D'une économie annuelle qui, déduction faite des frais, courtages, commissions, sera de 28 à 30 millions ! — Qu'est-ce donc que 30 millions sur un budget de trois milliards ? — Lorsque les quatre principaux départements ministériels *consommateurs* (les travaux publics, la guerre, la marine, le commerce), absorbent annuellement près des 2/3 du budget, ne saurait-on trouver 30 millions d'économie dans l'emploi aux travaux, sur les achats en temps opportun, sur des marchés par adjudication et à prix débattus ; par un bon contrôle de l'emploi des matières et de la main-d'œuvre ; par une plus grande exactitude, une plus grande sincérité dans les écritures et les comptes, en échelonnant plus convenablement l'exécution des travaux de tous genres en raison de leur plus ou moins d'urgence, etc., etc., — ne peut-on trouver ainsi, non-seulement 30 millions, mais même 40 millions par an, sans nuire, en aucune façon, à l'exécution des travaux ? — Il ne saurait être permis d'en douter. — Et puis, personne ne l'ignore : un peu plus tôt un peu plus tard, pour un motif ou pour un autre, les gouvernements sont bien forcés de recourir, de temps à autre, à des emprunts. Vienne une crise à l'intérieur ou à l'extérieur et l'on ne rencontrera certainement plus cette confiance dans la rente inspirée par celui qui trouva des milliards *urbi et orbi !*

Du jour où, pour la quatrième fois en moins de quatre-vingts ans, le gouvernement oubliera la loi créatrice de 1797 et ses engagements en se faisant juge et partie, en réduisant la valeur du capital ou le taux de l'intérêt, indubitablement ce jour-là, et quoi qu'on puisse en dire, le prêteur deviendra tiède, le rentier se croira nécessairement sous le coup d'un nouveau genre de conversion.

Dans cette crainte, le crédit de la République se trouvant atteint, la confiance s'affaiblira. Dès le premier emprunt que l'on sera obligé de contracter, le Trésor perdra bien au-delà de ce qu'il aurait cru économiser par des combinaisons toujours aussi compliquées qu'éventuelles.

Il ne paraît pas nécessaire d'insister davantage sur ce point.

Enfin nous avons dit que la conversion serait *injuste*. En effet, loyalement, franchement, le Gouvernement a-t-il le droit,

proprio motu, de se placer en dehors du droit commun ?
Nous ne le pensons pas.

Nous ne voulons pas dire assurément que l'Etat soit exacte-
ment dans les mêmes conditions que le propriétaire qui
emprunte sur hypothèque, ni comme l'industriel, le commer-
çant qui emprunte par contrat légal et notarié. Mais l'Etat
est-il dans des conditions autres que le département de la
Seine, que la ville de Paris, que les grandes compagnies de
chemins de fer ? Nous ne saurions l'admettre. — Lorsque
l'Etat veut contracter un emprunt, il y a, sinon une convention
formelle, du moins une *déclaration publique.* Et que dit
cette déclaration ? Avouant tacitement que le Trésor public a
besoin d'argent, il s'exprime à peu près en ces termes...
(Prenons, par exemple, le chiffre de 90 francs). Il dit donc
aux prêteurs : « Messieurs, donnez-moi 90 francs, qui *repré-
senteront* un *capital* de 100 francs et porteront un intérêt de
5 francs. Ils seront classés dans la catégorie du 5 pour 0/0.
Autant de fois vous me donnerez 90 fr., autant de fois je vous
garantirai une rente de 5 francs *consolidée, perpétuelle* et
négociable, nominative ou au porteur. » — Tel est à peu près
le langage des représentants du gouvernement ; rien de plus.
— Du remboursement il n'en est nullement question, ni pour
le taux, ni pour l'époque. Et ce qui prouve la vérité de cet
engagement tacite, c'est que dans l'emprunt considérable dont
Messieurs les ministres des finances et des travaux publics se
préoccupent d'établir les conditions, il doit être stipulé des
époques et le taux des remboursements et autres conditions
spéciales.

Le gouvernement est donc tenu, en bonne foi, de servir
à perpétuité les intérêts stipulés envers les premiers prêteurs.
Que la rente monte ou baisse, il importe peu à l'Etat ; il n'a ni
moins ni plus à payer que la rente convenue.

Remarquons de plus, en passant, que la majorité des premiers prêteurs ne constitue certainement plus aujourd'hui la

majorité des détenteurs de titres. Les premiers ont presque
tous disparu par l'agiotage ou d'autres causes ; et parmi les
derniers il en est beaucoup qui, confiants dans la consolidation
et la perpétuité de la dette, ont acheté *au dessus* du pair.
Ils ont naturellement compté sur la durée et la solidité des
placements sur l'Etat. — Serait-il équitable de dire aux uns et
aux autres : « Je n'ai plus besoin de vos fonds, j'en trouve à
« meilleur marché ; je vous rembourse le capital au taux qui
« me convient, ou je vous réduis à l'intérêt qu'il me plaît de
« de vous donner... Allez !.. »

Mais si les fonds, au lieu de monter au-dessus de 90 francs,
au-dessus du pair, étaient tombés à 85, auriez-vous cédé ?
Céderiez-vous aux réclamations des créanciers qui vous
diraient : « Je trouve un meilleur placement pour mon capital.
« Rendez moi les 100 francs promis pour les 5 francs de
« rente ! »

Assurément le gouvernement n'obtempérerait pas, ne pourrait pas obtempérer à une pareille sommation qui, au fond,
n'aurait cependant rien d'illégal. — Comment donc le gouvernement ne pourrait-il pas trouver injuste de faire passer
ex-abrupto ses créanciers sous les fourches caudines.

Résumons : — Nous avons cherché à justifier les qualifica-
tions que nous avons données à la colossale opération dont on
parle. — Nous avons essayé de démontrer qu'une conversion
des rentes dites *consolidées* et *perpétuelles* était un mirage,
une opération difficile et dangereuse par ses conséquences
diverses. — Ce qui semble prouver que nos appréciations ne
sont pas très-éloignées de la vérité, ce sont : 1º La sagesse
avec laquelle les propositions de conversion et de remaniement
du système financier ont été déjà plusieurs fois faiblement
accueillies et prudemment écartées ; 2º L'hésitation, les préoc-
cupations de Messieurs les ministres des finances et des travaux publics s'efforçant de combiner un nouveau mode
d'emprunt d'Etat plus net, plus clair, plus satisfaisant pour les

créanciers que ceux adoptés jusqu'à ce jour ; 3º La proposition de M. Germain pour un remboursement à un taux susceptible de satisfaire les créanciers, proposition peut-être un peu trop favorable aux intérêts des porteurs de rentes, mais qui, en leur donnant satisfaction, ne pourrait que consolider le crédit et verser dans la circulation des capitaux qui trouveraient immédiatement leur emploi dans le futur emprunt ; 4º L'opinion de l'honorable M. Thiers. — Nous croyons en effet savoir que, dans sa haute intelligence des questions *politiques* et *financières*, cet éminent homme d'Etat ne fut jamais partisan d'une conversion.

Nous souhaitons que les considérations dont nous donnons à la hâte un exposé rapide puissent avoir quelque utilité : Nous désirons que ceux qui croient sincèrement découvrir dans une conversion du 5 p. 0/0 une panacée, une source réelle de notables économies ; que ceux qui veulent poursuivre avec un peu trop d'ardeur et jusqu'au bout une solution qui ne peut être ni sans inconvénient ni sans danger, veuillent bien étudier sous toutes ses faces, dans toutes ses conséquences cette opération colossale qui pourrait affecter la marche et la consolidation de notre République, renaissante malgré les difficultés que les partis hostiles lui suscitent.

En terminant, nous réclamons pour cet opuscule, l'indulgence de nos lecteurs. L'actualité, l'urgence nous faisaient une nécessité de jeter rapidement sur le papier des idées, qui méritaient d'être traduites sous des termes plus séduisants et mieux appropriés au sujet. Le temps nous a fait défaut.

Toulon, le 1er mars 1878.

P. S. — Nous ne citerons qu'un exemple, parmi bien d'autres, des inconvénients et des dangers d'un remaniement du système financier et du régime des impôts. Nous le puisons dans l'ouvrage de M. le duc d'Audiffret, sénateur, publié à l'occasion de l'examen du budget de l'exercice 1873. (Paris

1872, librairie de Guillaume et Cⁱᵉ, éditeurs, rue de Richelieu, nᵒ 14, pages 37 et 38). Il s'agit de l'impôt sur le *sel* en partie supprimé en 1848.

L'auteur présente un tableau détaillé, par année, duquel il résulte que de 1849 à 1861 inclusivement (soit 12 années), la réduction de l'impôt sur le *sel* a constitué le Trésor en une perte de 472 millions, sans que les producteurs ou les consommateurs en aient retiré un notable bénéfice.

L'auteur termine ainsi : « En tenant compte de l'accroisse- » ment de la population et de l'aisance des consommateurs, « ainsi que de la décroissance de la fraude on peut, sans « aucune exagération, évaluer la perte réelle du Trésor pour « l'avenir à *60 millions par exercice.* »

La réduction votée l'an dernier sur la même denrée, réduction qui fut combattue par l'honorable ministre des finances actuel, a produit un déficit qui ne peut être évalué à moins d'une dizaine de millions. — Quant aux consommateurs ils n'ont pas cessé de payer le sel au même prix. — Les intermédiaires seuls ont encaissé le bénéfice.